Isabella Rossellini

Meine Hühner und ich

Isabella Rossellini

Meine Hühner und ich

Texte und Zeichnungen

Photos von
Patrice Casanova

SCHIRMER/MOSEL

Ich wollte Hühner, also bestellte ich welche online.
Sie kamen per Post in dieser Schachtel.

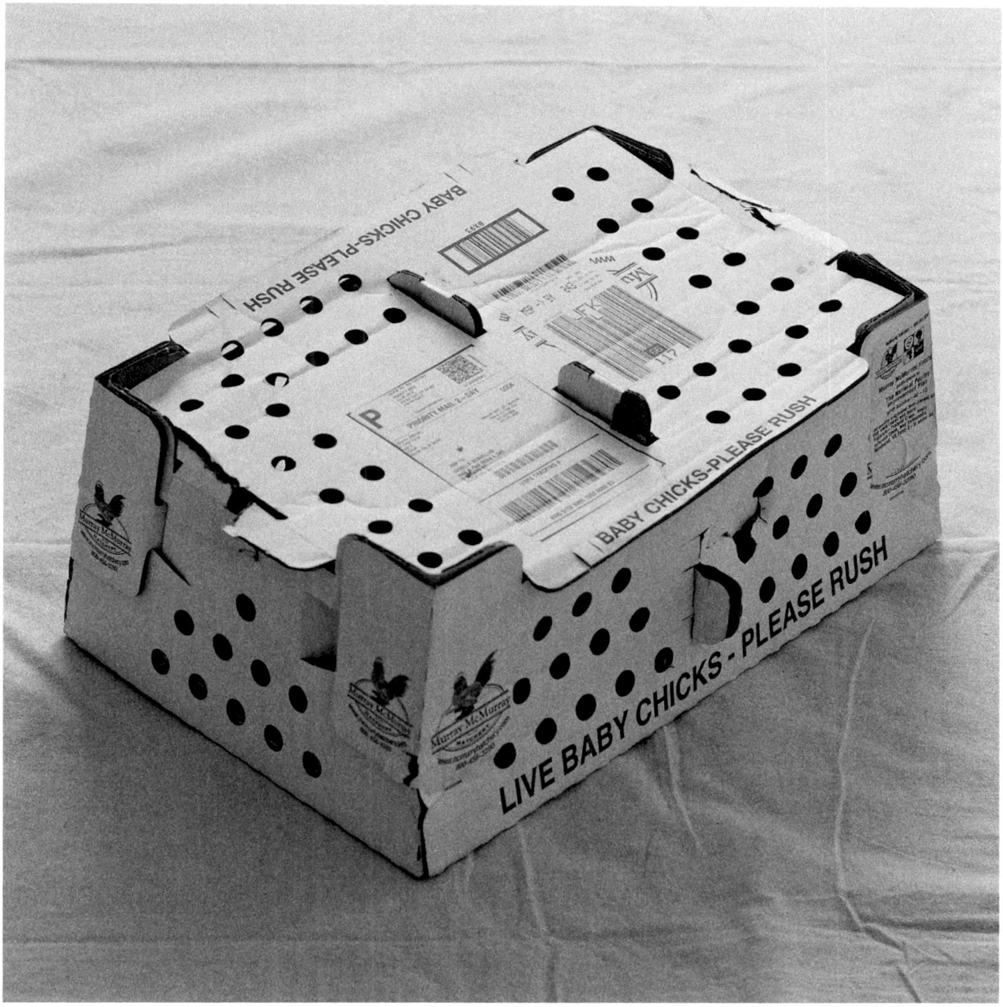
BABY CHICKS-PLEASE RUSH
BABY CHICKS-PLEASE RUSH
LIVE BABY CHICKS - PLEASE RUSH
Murray McMurray

Ich nahm an, die Küken würden alle so aussehen.

… stattdessen
sahen sie so aus.

Bei einigen handelte es sich um alte Rassen, sogenannte „Heritage Chicken Breeds“.

So, wie es bei Hunden Rassen gibt …

… gibt es sie auch bei Hühnern.

1 Woche

2 Monate

1 Woche

2 Monate

5 Monate

5 Monate

Ich bat Patrice,
einen Freund, die Hühner
zu photographieren, um ihr
Wachstum zu dokumentieren
und wie sie als Erwachsene
aussehen.

Hühner sind erwachsen,
wenn sie anfangen,
Eier zu legen.

Die Photos offenbarten Dinge,
die ich mit bloßem Auge nicht sehen konnte.
Hühner vollführen viele seltsame Bewegungen.

Sie haben individuelle Persönlichkeiten!

Ich habe nicht allen meinen Hühnern
Namen gegeben, aber ein paar haben Spitznamen.
Diese Kleine nenne ich Andy Warhol, nach dem Künstler,
wegen der Frisur. Sie ist die zahmste von allen.
Sie gehört zur Haubenhuhnrasse
Crested Polish.

Die da hat zwei Spitznamen:
Red wegen der Farbe des Federkleids
oder Amelia Earhart, weil sie sich
furchtlos in Abenteuer stürzt,
wie die Flugpionierin.

Während die anderen Hühner meistens
zusammenbleiben, marschiert sie auf eigene Faust herum:
Ich habe sie auf meinem Sofa entdeckt und auf meinem Schreibtisch.
Die Rasse heißt *Welsumer*.

Eine habe ich Speedy getauft.
Sie haut immer ab.
Sie hat sich nicht fangen lassen, um
Patrice in unserem improvisierten Set
Modell zu stehen.
Ich kann sie nur zeichnen,
um zu zeigen, wie sie aussieht.

Die Rasse heißt *Modern Game*.

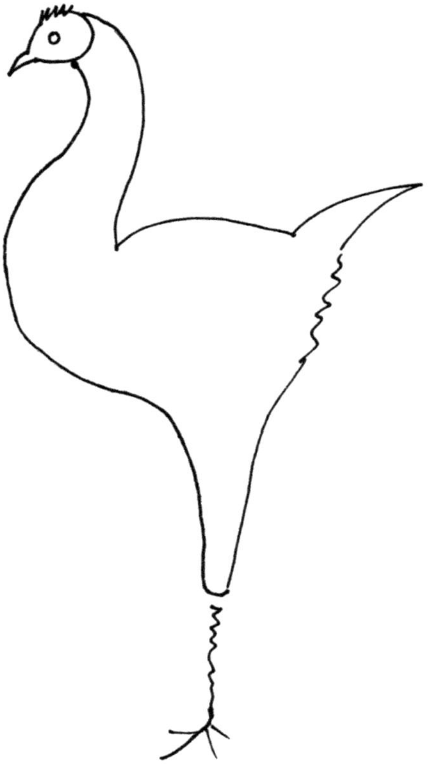

Das Set

Hühner schließen Freundschaften.

Diese beiden sind immer zusammen.
Die Rasse heißt *Cochin*.

Freundschaften werden innerhalb der Schar geschlossen.
Eine Schar ist eine Hühnerfamilie,
Eindringlinge mögen sie nicht.

Ich gab mich viel mit meinen Küken ab,
in der Hoffnung, dass sie mich entweder als Teil
der Schar betrachten würden oder zumindest
keine Angst vor mir hätten.

Ich streichle Hühner gern.
Sie sind viel weicher als jede Katze,
jeder Hund.

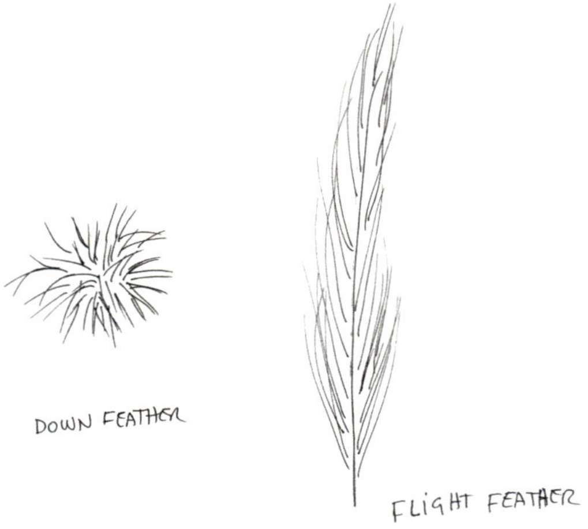
DOWN FEATHER
FLIGHT FEATHER

Die Küken kommen nur mit Daunen auf die Welt,
den Federn, mit denen unsere Winterjacken gepolstert sind -,
und wenn sie älter werden, wachsen ihnen Federn.

Wenn ihnen Flugfedern an Schwanz und Flügeln wachsen,
starten sie erste Versuche ...

… zu fliegen!

Sobald sie fliegen konnten,
blieben sie nicht mehr auf dem Set, das ich
mit Würmern beködert hatte, sondern flogen direkt
in die große Tüte mit den Würmern.
Hühner sind schlau!

Ich fing an,
über Hühner nachzulesen
und zu recherchieren.

Und fand heraus …

… dass ihr Gehirn klein ist,
aber dumm sind sie NICHT!

Sie erkennen bis zu 100 Artgenossen in ihrem Hühnerstall
und erkennen sogar einzelne Menschen.

Sie können Mengen taxieren.
Sie können nicht zählen, wie wir das tun

— 1, 2, 3, 4, 5, etc. —

aber sie wissen, dass zwei weniger ist als fünf,
vier mehr als eins und drei mehr als zwei.

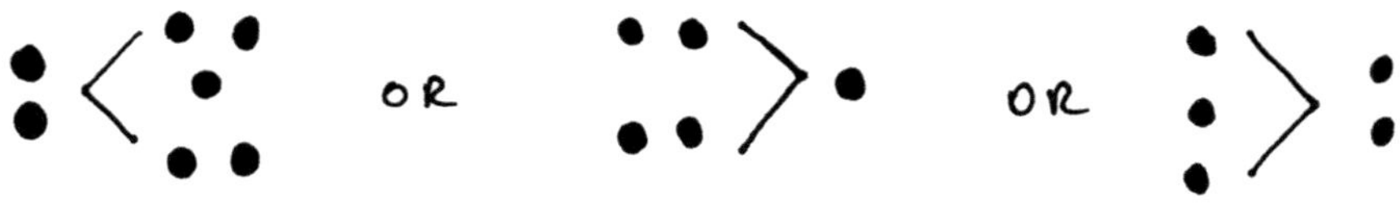

In wissenschaftlichen Experimenten haben Hühner gezeigt,
dass sie zu Selbstbeherrschung imstande und fähig sind,
für die Zukunft zu planen.

Man hat ihnen beigebracht, gegen eine Taste zu picken,
um ein Futterpellet zu bekommen.

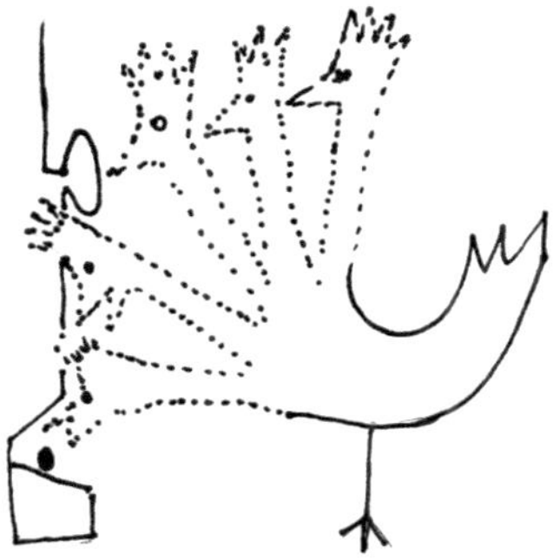

Wenn sie schnell pickten,
bekamen sie ein Futterpellet,
pickten sie langsam,
kamen viele Pellets.

90% der Hühner
zeigten Selbstbeherrschung
und lernten, langsam zu
picken, um mehr fressen
zu können.

Hühner sehen mehr Farben als wir.
Wir haben drei Farbrezeptoren, sie haben vier.
Alles, was sie anschauen, sieht für sie anders aus.
Ihr wunderbares Federkleid
muss für sie viel bunter aussehen.

Hühner können ihre Augen nicht
nach links und rechts bewegen,
wie wir es tun.

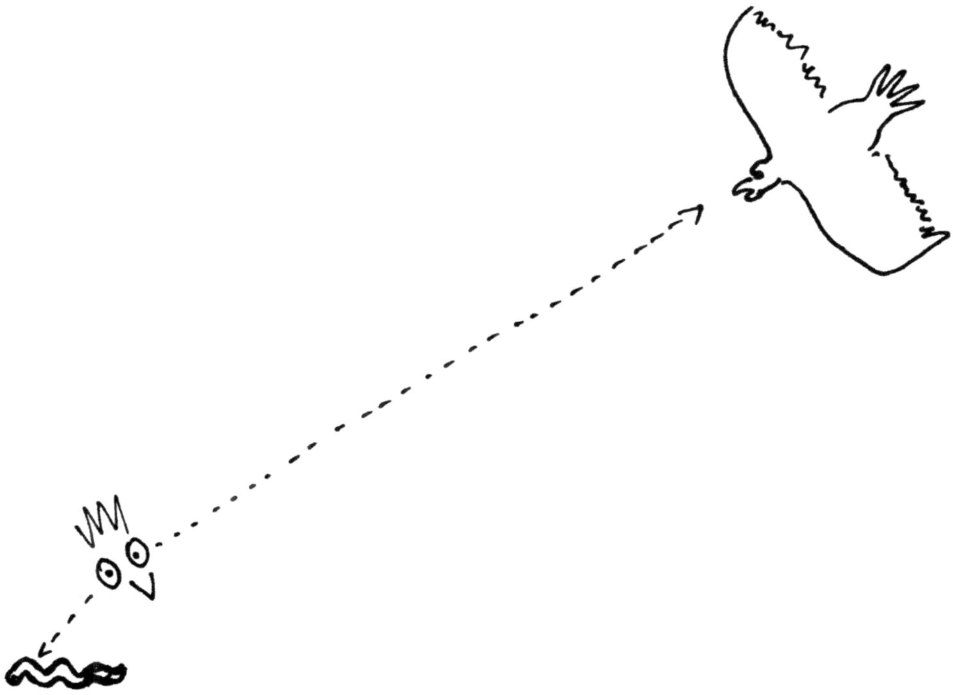

Dafür können sie das eine Auge
auf einen nahen Gegenstand richten, auf
einen am Boden kriechenden Wurm zum Beispiel,
und mit dem anderen den Himmel nach Raubvögeln,
etwa Habichten, absuchen.

Sie haben einen speziellen Ruf für
„Gefahr von oben!“,
wenn ein Habicht im Anflug ist …

… und einen anderen für
„Gefahr von unten!“,
wenn sich eine Katze oder ein anderes
Raubtier am Boden nähert.

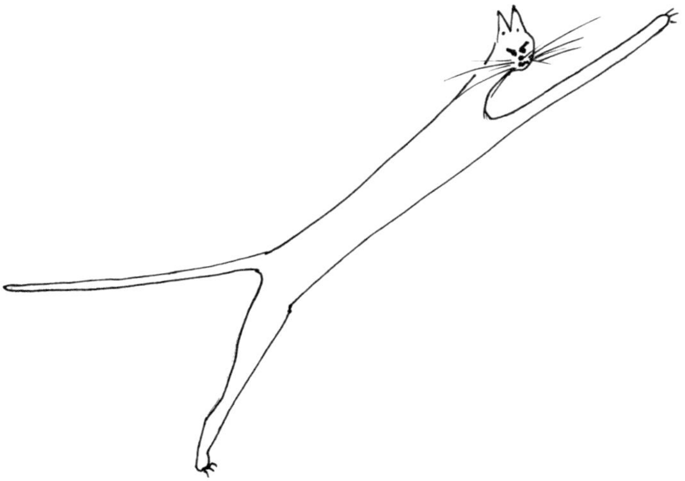

Hühner geben zahllose unterschiedliche Laute von sich,
um Freude, Unmut, Angst, Feindseligkeit, Überraschung, Zorn,
Verführung und Begrüßung auszudrücken …

… was ihnen, kombiniert mit Positur, Gebaren und Körpersprache
eine breitgefächerte Fähigkeit zu kommunizieren verleiht.

Sie bewegen sich ziemlich schnell, aber die Photos
von Patrice haben ihre vielfältigen Ausdrucksformen eingefangen.
Sie erinnern mich an Stummfilmstars!

Aus den Vorfahren
(also den Ur-Ur-Ur-Ur-Ur-Ur-
Ur-Ur-Ur-Ur-Ur-Ur-Ur-Ur-Ur-Ur-
Urgroßeltern) des asiatischen
Roten Dschungelhuhns …

… entwickelte sich
unser Haushuhn.

Genau genommen
haben alle domestizierten Tiere
wilde Vorfahren.

Aus den Ur-Ur-Ur-Ur-Ur-Ur-Ur-Ur-Ur-
Ur-Ur-Ur-Ur-Ur-Ur-Ureltern
des Wildschweins …

… wurde unser Hausschwein.

Aus den Ur-Ur-Ur-Ur-Ur-
Ur-Ur-Ur-Ur-Ur-Ur-Ur-
Ur-Ur-Ur-Ureltern
des Auerochsen …

… wurde unser Hausrind.

Unsere Vorfahren
(unsere Ur-Ur-Ur-Ur-Ur-Großeltern) fingen wilde Tiere
und begannen, diejenigen zu selektieren, die ihnen besonders
zusagten: die ruhiger waren, leichter zu handhaben und
FETTER – weil sie sie alle gegessen haben!

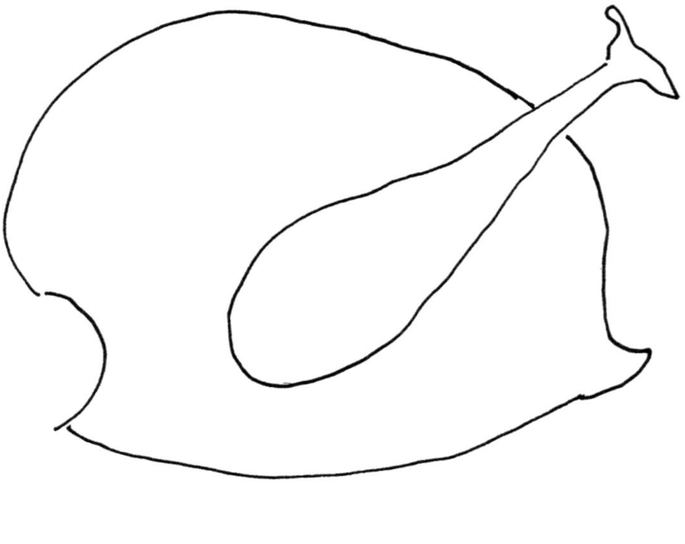

Mit anderen Worten, sie nutzten die Gesetze der Evolution,
um neue, für sie nützliche Tierarten zu züchten.

Nicht alle Tiere ließen sich domestizieren.
Die Ur-Ur-Ur-Ur-Ur-Ur-Ur-Ur-Urgroßeltern von

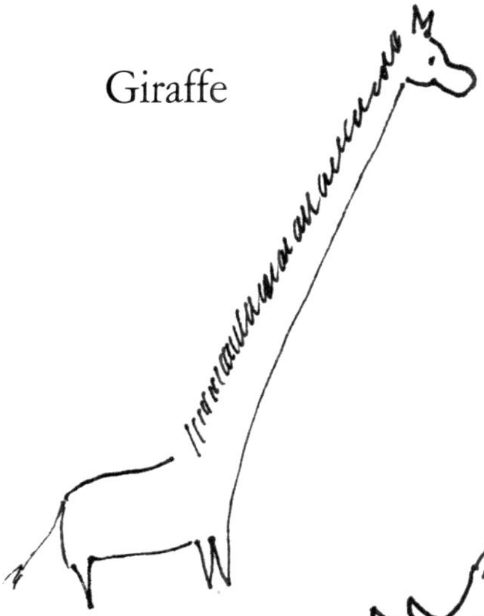

Giraffe

Nashorn

Zebra

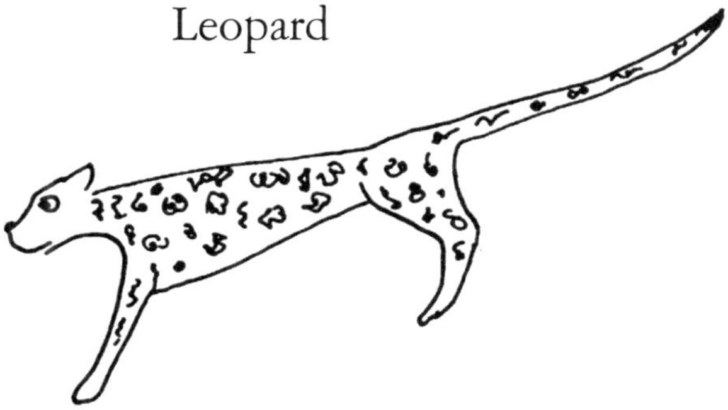

Leopard

ließen sich NICHT domestizieren.

Domestizierbare Wildtiere
mussten bestimmte Eigenschaften haben:

Sie mussten von Natur aus in
großen Gruppen leben.

Es musste eine Eltern-Kind-Bindung
vorhanden sein, die sich lenken ließ,
damit sie sich auch an uns binden.

Sie durften NICHT „wählerisch“ sein.
Wir Menschen – die Domestizierer – wählten für sie die
Paarungspartner, um bestimmte Eigenschaften zu selektieren.

Unsere Vorfahren wussten nichts von der Evolutionsforschung,
aber sie wussten, dass Babys ihren Eltern gleichen.
Wenn sie einen nicht aggressiven Wolfsrüden
mit einer nicht aggressiven Wölfin paarten …

… bestand die Chance, dass die meisten der Welpen ebenfalls nicht aggressiv wären.

Durch Züchtung von einer Generation zur nächsten,
über viele tausend Jahre hinweg …

wurde der Wolf (Menschenfresser)

zum Hund
(des Menschen bester Freund).

„Wenn man daher
durch Auswahl geeigneter Individuen …
irgend eine Eigenthümlichkeit derselben steigert,
so wird man fast sicher, ohne es zu wollen, diesen
geheimnisvollen Gesetzen der Correlation gemäß
noch andre Theile der Structur mit abändern.“

Charles Darwin, *Über die Entstehung der Arten*, 1860

Indem der Mensch die Aggressivität des Wolfs reduzierte
und seine Sanftmut steigerte, bekam er, ohne es zu wollen,
andere Merkmale mit dazu:

Schlappohren

Ringelschwanz

Geschecktes Fell

Ein geschecktes Fell ist das untrügliche Zeichen von Domestizierung: Es kommt bei allen domestizierten Arten vor, von Kühen über Katzen und Ziegen bis zu meinem Hund Pinocchio.

Das erste domestizierte Tier war der Hund, vor 15.000 Jahren.

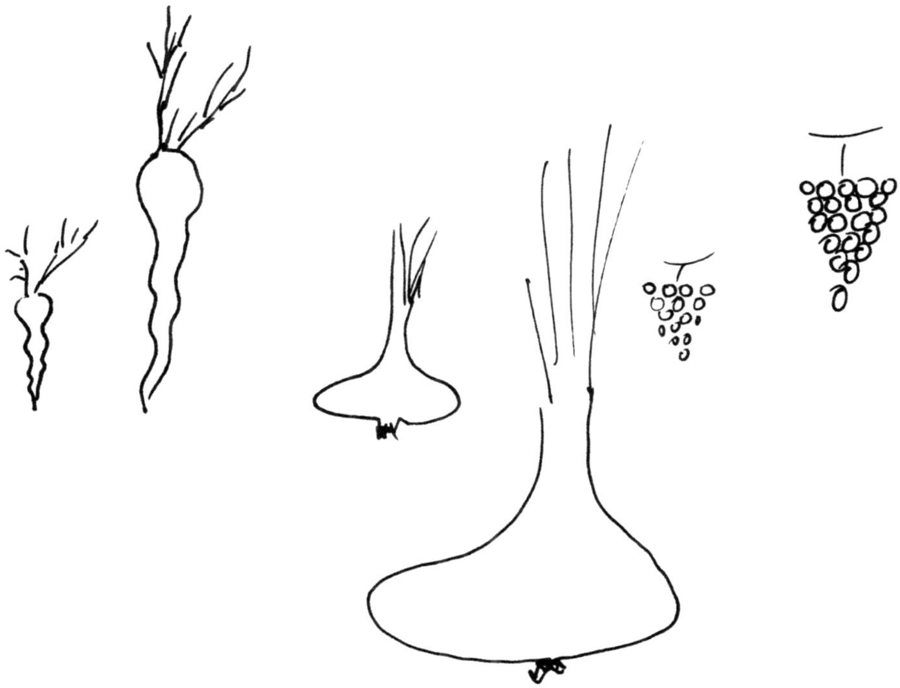

Weitere Domestizierungen, darunter bei den Hühnern,
erfolgten vor 8000 bis 10.000 Jahren mit dem Beginn des Ackerbaus.

Ja, wir haben auch Pflanzen domestiziert!
Haben sie größer und süßer gemacht – weil wir sie essen.

Wir haben nicht nur Haustiere kreiert,
wir sind sogar noch einen Schritt weiter gegangen und haben
RASSEN gezüchtet. Die Selektion orientierte sich an der Veranlagung:

Jagdhunde

Hütehunde

Wachhunde, GRRR!

„Die Natur liefert allmählich mancherlei Abänderungen;
der Mensch summirt sie in gewissen ihm nützlichen Richtungen.
In diesem Sinne kann man von ihm sagen,
er habe sich nützliche Rassen geschaffen.“

Charles Darwin, *Über die Entstehung der Arten*, 1860

Hühner wurden so selektiert,
dass sie immer fetter wurden und
immer mehr Eier legten.

Die Bauern stellten fest,
dass einige Rassen besser im Eierlegen waren,
während andere mehr Fleisch ansetzten, was zur heutigen Trennung
in Eier- und Fleischproduktion führte.

Hühner,
wie man sie normalerweise im Supermarkt findet,
werden im Alter von sechs bis sieben Wochen geschlachtet.
Die Rasse heißt *Broiler*, durch selektive Züchtung werden sie fetter
und wachsen schneller als alle alten Rassen.
Broiler haben einen Riesenappetit.

Vier Wochen altes
Broilerhuhn

Vier Wochen altes
Huhn einer alten Rasse

Hahn

Beim Kauf meiner Küken hatte ich nur weibliche bestellt, trotzdem entpuppten sich einige als Hahn.

Henne

Das Haubenhuhn *Crested Polish* stammt nicht aus Polen, es heißt so, weil es an polnische Soldatenmützen mit Federbusch erinnert.

Wenn die Männchen und Weibchen einer Art
unterschiedlich aussehen, spricht man von „Geschlechtsdimorphismus".
Er ist das Ergebnis unterschiedlicher Evolutionsgeschichten.
Männliche Hühner kämpfen viel, weibliche nicht, auch wenn
es eine klare Hierarchie unter den Hennen gibt,
die sogenannte Hackordnung.

Immer häufiger im Lauf der Jahrhunderte siegten
die größeren und stärkeren Hähne bei Kämpfen um die Hennen
und zeugten Küken, mit dem Ergebnis, dass ihre Körper heute
größer und stärker sind als die der Hennen.

Meine Junghähne sind bereits bunter als meine Hennen. Vielleicht animierten die Paarungsvorlieben der Weibchen die Männchen, optisch attraktiver zu werden. Dominante Hähne krähen öfter als unterwürfige. Jeder von ihnen hat eine charakteristische Stimme.

Hühner brauchen keinen Hahn, um Eier zu legen.
Den Hahn brauchen sie, damit die Eier befruchtet werden
und Küken entstehen.

Im Frühling legen Hühner fast täglich ein Ei.
Im Herbst, wenn die Tage kürzer werden, legen sie viel weniger Eier.

Damit die Hühner im Winter Eier legen,
brauchen sie Licht von oben.

Die Hühner wurden nach dem geringsten Bruttrieb ausgewählt.
Moderne Hühner in industriellen Großbetrieben wissen nicht mehr,
wie man eine gute Glucke ist.

Brütig sind sie, wenn sie aufhören, Eier zu legen,
und sich auf die ins Nest gelegten Eier setzen. Eine Glucke isst und
trinkt fast nichts. Sie hält nur die Eier warm, auf einer Temperatur
zwischen 37° und 39° Celsius, damit sich Küken entwickeln,
die 21 Tage später schlüpfen.

Ein paar Tage vor dem Schlüpfen
fangen die Küken an, aus dem Ei-Inneren Laute von sich zu geben,
und die Glucke antwortet mit Gackern.

Das Piepsen der Küken dient vielleicht dazu, das Schlüpfen zu synchronisieren. Sie kommen alle innerhalb weniger Stunden aus dem Ei, obwohl die Eier unter Umständen mit mehreren Tagen Abstand befruchtet wurden.

Die ersten ein bis zwei Tage nach dem Schlüpfen fressen die Küken nichts. Das Eigelb hat sie mit Nahrung für mehrere Tage versorgt. In diesem Stadium wurden meine Küken in die Schachtel gesetzt und per Luftpost verschickt!

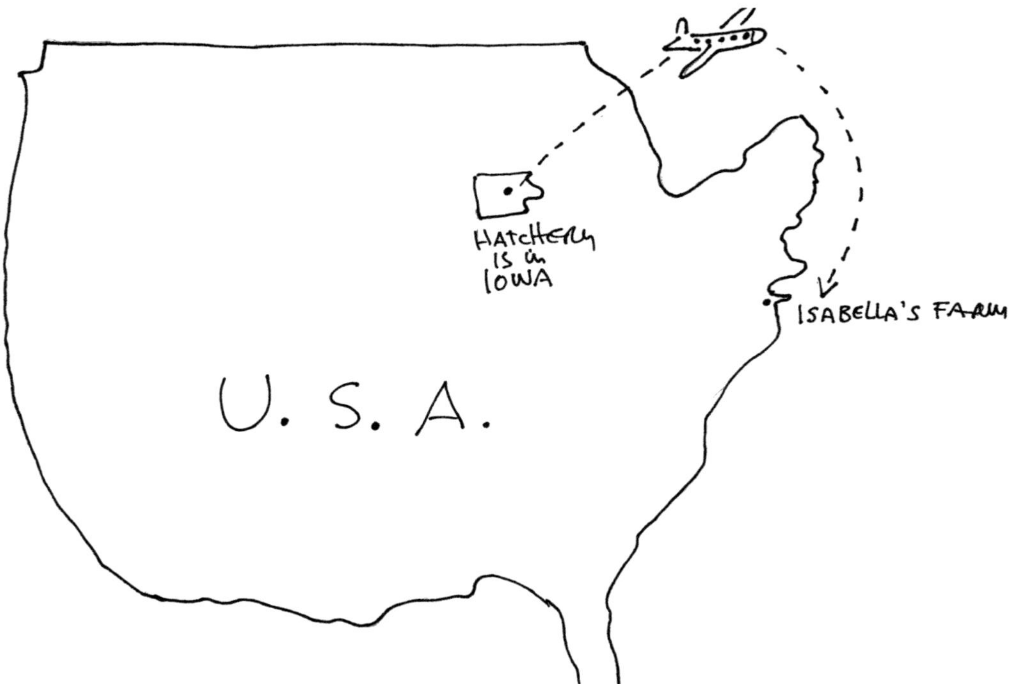

Sensibel ist auch die Phase, in der die Küken geprägt werden.
Prägung ist die minutenschnelle und komplexe Lernphase,
in der die Küken entdecken, dass sie Hühner sind, wie ihre Mütter.
Aber wenn den Küken in dieser Zeit andere Lebewesen vorgesetzt werden,
die sich bewegen, können sie auf diese geprägt werden.
Prägung lässt sich lenken!

Auf meinem Bauernhof habe ich viele unterschiedliche Hühnerrassen, einschließlich der Heritage Breeds, alter Rassen, von denen einige vom Aussterben bedroht sind.

Die industrielle Hühnerzucht produziert Milliarden Hühner pro Jahr, aber viele alte Rassen bleiben unbeachtet zugunsten anderer, die mehr Eier legen oder fetter werden und schneller wachsen.

Es gibt Milliarden Hühner, aber keine *Artenvielfalt*.

Stellen Sie sich vor, das, was man bei Hühnern in Großbetrieben macht, würde man auch bei Hunden machen. Zugunsten von ein oder zwei Rassen würden wir alle anderen verlieren.

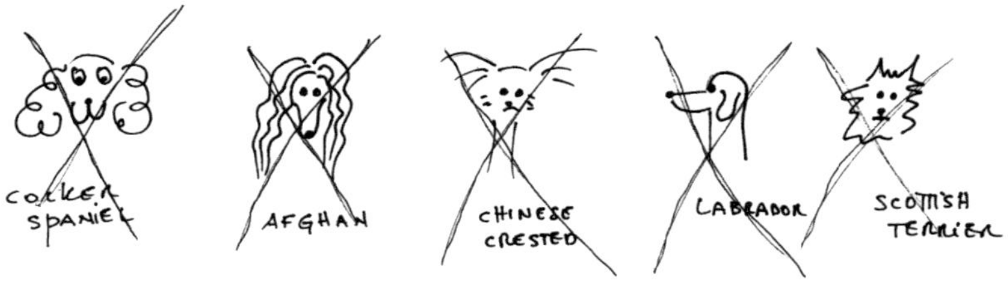

Ganz recht: keine Cockerspaniel, Afghanische Windhunde, Chinesische Nackthunde, Labradore oder Scotch Terrier mehr.

Es gäbe nur fettleibige Pudel und meterlange Dackel, weil wir sie essen würden!

Artenvielfalt ist wichtig!

Es ist das Rohmaterial, mit dem die Evolution arbeitet.
Als Heritage Chickens definiert man Hühner, die sich noch natürlich fortpflanzen und Muttertiere sein können. Sie überleben im Freien, indem sie ihr Futter auf Wiesen suchen, und wachsen langsam, erreichen ihre Erwachsenengröße frühestens nach vier Monaten.
So haben sie Zeit, ein starkes Knochengerüst zu entwickeln.
Solche Eigenschaften sind gut und sollten erhalten bleiben …
Vielleicht erweisen sie sich irgendwann als nützlich!
Kleine Bauernhöfe wie meiner helfen, die Artenvielfalt bei Hühnern zu erhalten, weil wir hauptsächlich spezielle alte Rassen züchten.

Perfektion gibt es nicht:
Das Geheimnis der Natur liegt in der Vielfalt.

Das *Fayoumi* stammt aus Ägypten und existierte dort schon vor 3000 Jahren, als es vermutlich von den Pharaonen verspeist wurde.

Die *Campiner* kommen ursprünglich aus Belgien.
Julius Caesar soll Hühner dieser Rasse von einem Raubzug
in Belgien nach Rom mitgebracht haben.

Redcaps fielen in Ungnade und waren in ihrer englischen Heimat um 1900 fast ausgestorben. Sie legen weiße Eier, obwohl ihre Ohrlappen rot sind. Ein singuläres Merkmal, denn die meisten Rassen, die weiße Eier legen, haben weiße Ohrlappen.

Hamburger-Hühner sollen, entgegen ihrem Namen,
im 14. Jahrhundert aus Holland gekommen sein.
Mich bezaubern ihre ungewöhnlichen
grünen Ohren.

GREEN
EAR

Diese Rasse heißt *Wyandotten*, nach dem Indianerstamm Wyandot,
auch wenn es angeblich die Spanier waren, die das Huhn
in Amerika eingeführt haben, aber …

… die *Araucana* stammen aus Chile,
und die DNA-Analyse deutet darauf hin, dass es
diese Vögel in Südamerika schon vor Ankunft der Europäer gab.
Wenn es stimmt, könnte das bedeuten, dass polynesische Entdecker
den amerikanischen Kontinent 100 Jahre vor Kolumbus
erreicht haben.

Sie legen blaue Eier.

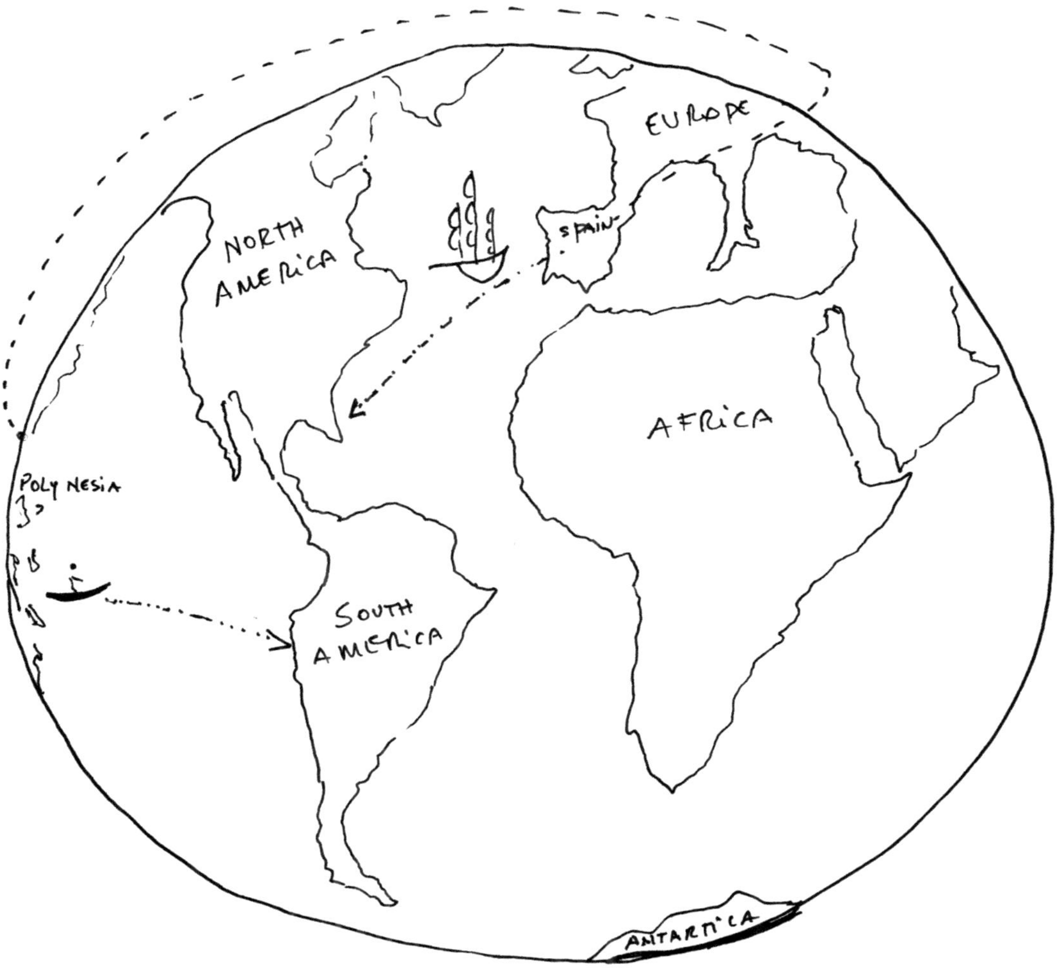
EUROPE
NORTH AMERICA
SPAIN
AFRICA
POLYNESIA
SOUTH AMERICA
ANTARTICA

Brahmas wurden 1852 erstmals nach England exportiert, als George Burnham neun Exemplare aus Bengalen als Geschenk an Queen Victoria schickte.

Die *Sumatra* stammen von den Sumatra-Inseln in Indonesien.
Sie sind eine sehr alte Rasse, die ihre Flugfähigkeit bewahrt hat.
Meine Sumatras finde ich oft auf einem Baum.

Der Hahn hat einen ellenlangen Schwanz,
den er hinter sich herzieht.

Das *Cochin* kommt ursprünglich aus China.
Es ist die größte Rasse, und sie ist besonders sanft, weich und zahm.
Sie erinnert mich …

… an Christian Diors „New Look“.

Fünf Monate,
nachdem die Küken
bei mir auf dem Bauernhof
eingetroffen waren, fand
ich die ersten Eier
im Stall.

Die Küken waren
erwachsen.

Da haben Patrice und ich aufgehört, sie zu photographieren.

Zehn weitere faszinierende Fakten über Hühner

- Hühner stammen von Dinosauriern ab.
- Es gibt fast dreimal so viele Hühner wie Menschen. Jedes Jahr werden weltweit annähernd 19 Milliarden Hühner aufgezogen.
- Hennen mancher Rassen legen bis zu 260 Eier pro Jahr.
- Ein Huhn kann 10 Jahre alt werden.
- Hennen paaren sich vorzugsweise mit dominanten Hähnen und können das Sperma unterwürfiger Hähne aus ihrem Körper ausstoßen.
- Küken picken gern und tun es sogar, wenn sie kein Futter suchen, so wie unsere Babys gern am Schnuller nuckeln.
- Ob ein Stück Fleisch hell oder dunkel ist, hat damit zu tun, wie oft das Huhn die Muskeln anspannt. Weil Hühner mehr laufen als fliegen, ist der Schlegel dunkler als das Brustfleisch.
- Es ist nicht ungewöhnlich, dass mehrere Hennen ihr Ei in dasselbe Nest legen. Manchmal werden künstliche Eier, so genannte Nesteier verwendet, damit die Hühner ihre Eier dort legen, wo der Bauer sie haben will – im Hühnerstall. Meine frei laufenden Hühner legen ihre Eier oft unter Büsche, und ich muss auf Schatzsuche gehen, um sie zu finden.
- Die normale Körpertemperatur eines Huhns ist wesentlich höher als unsere (41° C).
- Hühner haben keine Zähne, aber auch sie müssen ihr Futter zerkleinern, um es zu verdauen. Dazu schlucken sie kleine Steinchen und zermalmen das Futter in einem speziellen Teil des Magens – dem sogenannten Kaumagen, der mit sehr starken Muskeln ausgekleidet ist.

Isabella
brütet über der
Evolution.

Kleines Glossar

Heritage Chickens müssen folgende Kriterien erfüllen:

APA Standard Breed

Hühner alter Rassen, sogenannte Heritage Chickens, müssen in der Eltern- und Großelterngeneration von Rassen abstammen, die bis Mitte des 20. Jahrhunderts von der American Poultry Association (APA) registriert wurden; deren genetische Abstammung muss sich über mehrere Generationen verfolgen lassen; ihre Merkmale müssen den Richtlinien des APA Standard of Perfection für die betreffende Rasse entsprechen. Heritage Chickens müssen von einer APA Standard-Rasse produziert und gezeugt werden. Heritage-Eier müssen von einer APA Standard-Rasse gelegt werden.

Natürliche Paarung

Heritage Chickens müssen durch natürliche Paarung entstanden und genetisch unverändert sein. Unter der Bezeichnung „Heritage“ vermarktete Hühner müssen das Ergebnis von natürlichen Paarungen in der Eltern- und Großelterngeneration sein.

Lange, produktive Lebenszeit im Freien

Heritage Chickens müssen genetisch in der Lage sein, lange zu leben, kräftig zu bleiben und unter den harten Bedingungen der weidebasierten Freilandproduktion zu gedeihen. Bruthennen sollten 5 bis 7 Jahre lang produktiv sein, Hähne 3 bis 5 Jahre.

Langsames Wachstum

Heritage Chickens müssen ein moderates bis langsames Wachstum haben, ihr jeweiliges Marktgewicht dürfen sie frühestens nach 16 Wochen erreichen. Das lässt den Hühnern Zeit, ein starkes Knochengerüst und gesunde Organe zu entwickeln, bevor sie Muskelmasse aufbauen.

Literatur und Quellen

M. Abeyesinghe, „Can Domestic Fowl, *Gallus gallus domesticus*, Show Self-Control?“, *Animal Behaviour* LXX (2005) S. 1–11

Joseph Barber (Hg.), *The Chicken: A Natural History*, Brighton 2012

Juliet Clutton-Brock, *Domesticated Animals from Early Times*, London 1981

Charles Darwin, *On the Origin of Species*, London 1859. Deutsche Übersetzung nach https://de.wikisource.org/wiki/Entstehung_der_Arten_(1876)

Marian Stamp Dawkins, „How Hens View Other Hens. The Use of Lateral and Binocular Visual Fields in Social Recognition“, *Animal Behaviour* XII (1995) S. 591–660

M. Bekoff, C. Allen und G. M. Burghart (Hg.), *The Cognitive Animals*, Cambridge 2002

D.G. Griffin, *Animal Mind. Beyond Cognition to Consciousness*, Chicago 2001, S. 172

Temple Grandin und Mark Deesing, *Genetics and the Behavior of Domestic Animals*, 2. Aufl., Boston / New York / San Diego, 2004
Temple Grandin und Mark Deesing, „Distress in Animals: Is it Fear, Pain or Physical Stress?“, www.grandin.com/welfare/fear.pain.stress.html
Mark E. Hauber, *The Book of Eggs*, Chicago 2014
Lori Marino, „Thinking Chickens: a Review of Cognition, Emotion, and Behavior in the Domestic Chicken“, *Animal Cognition*, http://link.springer.com/article/10.1007%2Fs10071-016-1064-4
Annie Potts, *Chickens*, London 2012
Rosa Rugani, Giorgio Vallortigara, Konstantinos Priftis, Lucia Regolin et al., „Number-space Mapping in the Newborn Chick Resembles Humans' Mental Number Line“, *Science* 347 (2015) S. 534–536
Frederick E. Zeuner, *A History of Domesticated Animals*, New York / Illinois, 1963

Zeitschriften
Chickens (Januar 2016)
Chicken Breeds, Volume 11F
Modern Farmer – „The Complete Chicken Guide“, Heft 11 (Frühjahr 2016), S. 54–65
Out There (Frühjahr 2016): Carol Davis, „Saving Rare Breeds“, S. 12–17

Internet
https://livestockconservancy.org/index.php/heritage/internal/heritage-chicken

Herzlichen Dank

dem Hunter College Animal Behavior &
Conservation Program und ganz besonders
meinen Lehrern Diana Reiss, Mark Hauber,
Sheila Chase, Joseph Barber und
Ofer Tchernichovski.

Aus dem Englischen übersetzt von Marion Kagerer

Lithographie, Druck und Bindung: EBS, Verona

ISBN 978-3-8296-0793-3

Eine Schirmer/Mosel Produktion
www.schirmer-mosel.com